First Picture Dictionary
Animals
Перший ілюстрований словник
Тварини

Pig
Свиня

Rabbit
Кролик

Butterfly
Метелик

Fox
Лисиця

Illustrated by Anna Ivanir

www.kidkiddos.com
Copyright ©2024 by KidKiddos Books Ltd.
support@kidkiddos.com

All rights reserved. No part of this book may be reproduced in any form or by any electronic or mechanical means, including information storage and retrieval systems, without written permission from the publisher, except in the case of a reviewer, who may quote brief passages embodied in critical articles or in a review.
First edition, 2025

Library and Archives Canada Cataloguing in Publication
First Picture Dictionary - Animals (English Ukrainian Bilingual edition)
ISBN: 978-1-83416-246-1 paperback
ISBN: 978-1-83416-247-8 hardcover
ISBN: 978-1-83416-245-4 eBook

Wild Animals
Дикі тварини

Hippopotamus
Бегемот

Panda
Панда

Fox
Лисиця

Rhino
Носоріг

Deer
Олень

Moose
Лось

Wolf
Вовк

✦ A moose is a great swimmer and can dive underwater to eat plants!
✦ *Лось добре плаває і може пірнати під воду, щоб їсти рослини!*

Squirrel
Білка

Koala
Коала

✦ A squirrel hides nuts for winter, but sometimes forgets where it put them!
✦ *Білка ховає горіхи на зиму, але іноді забуває, де їх сховала!*

Gorilla
Горила

Pets
Домашні тварини

Canary
Канарка

✦ *A frog can breathe through its skin as well as its lungs!*
✦ *Жаба може дихати як через шкіру, так і через легені!*

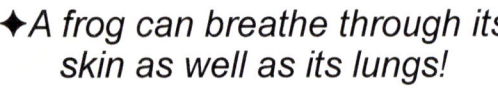

Guinea Pig
Морська свинка

Frog
Жаба

Hamster
Хом'як

Goldfish
Золота рибка

Dog
Собака

✦ *Some parrots can copy words and even laugh like a human!*
✦ *Деякі папуги можуть повторювати слова і навіть сміятися, як людина!*

Parrot
Папуга

Cat
Кіт

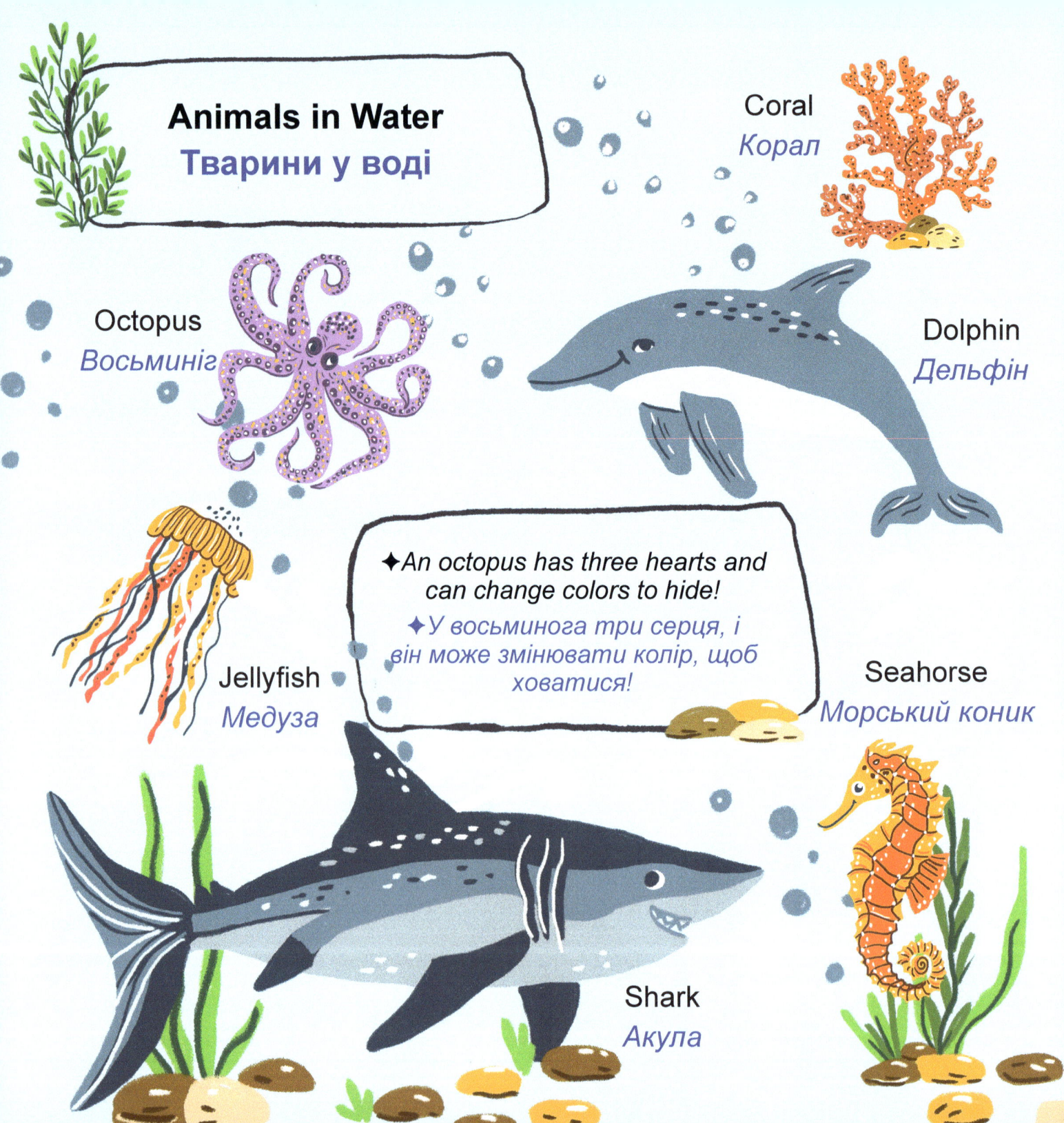

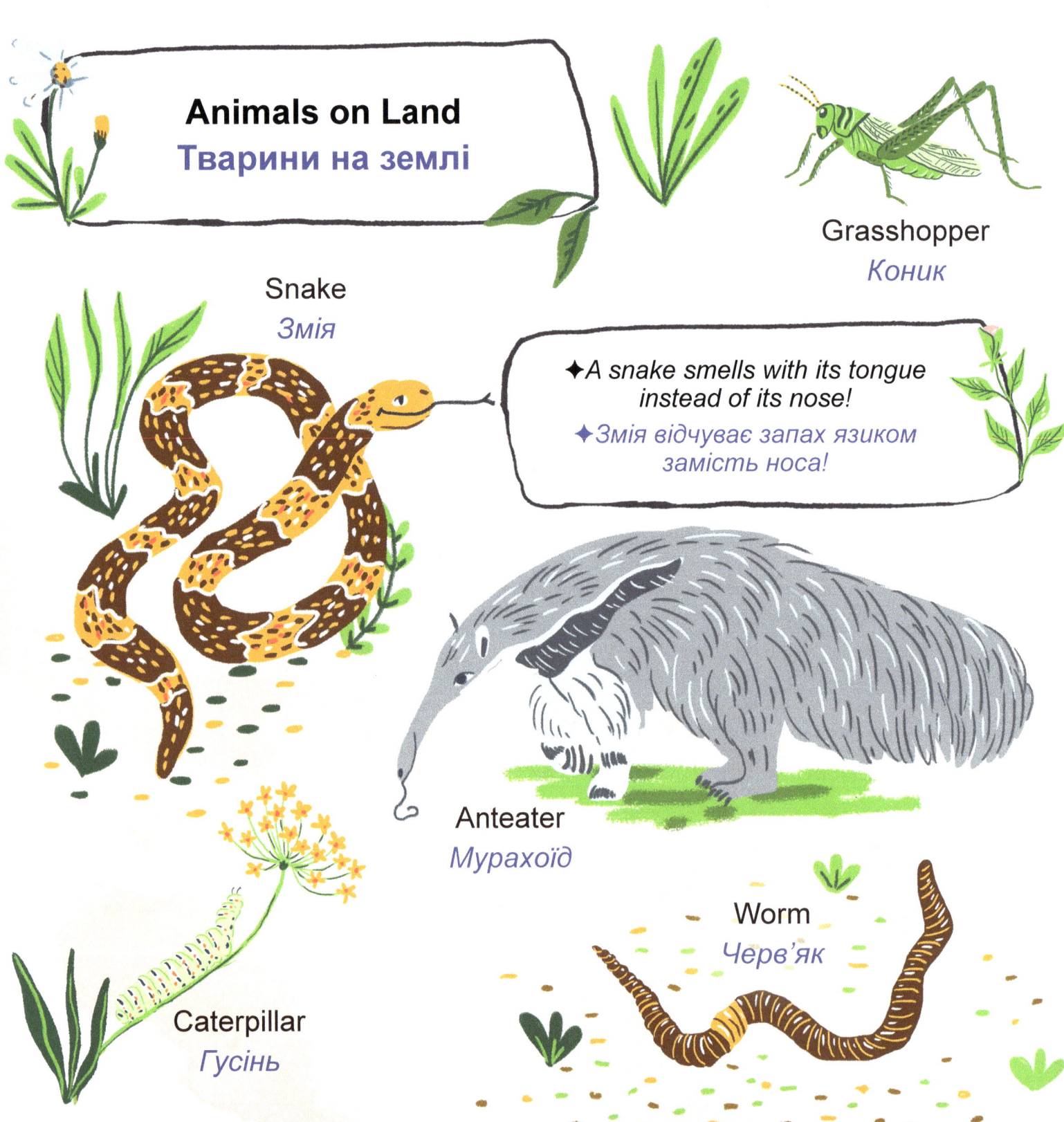

Badger
Борсук

Porcupine
Дикобраз

Groundhog
Бабак

✦ *A lizard can grow a new tail if it loses one!*
✦ *Ящірка може відростити новий хвіст, якщо втратить старий!*

Lizard
Ящірка

Ant
Мураха

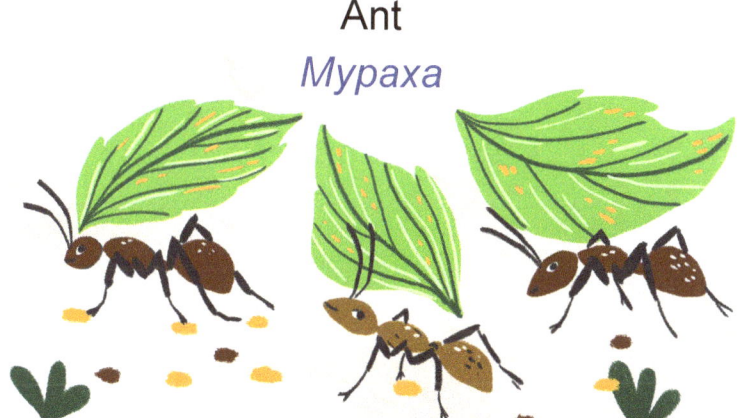

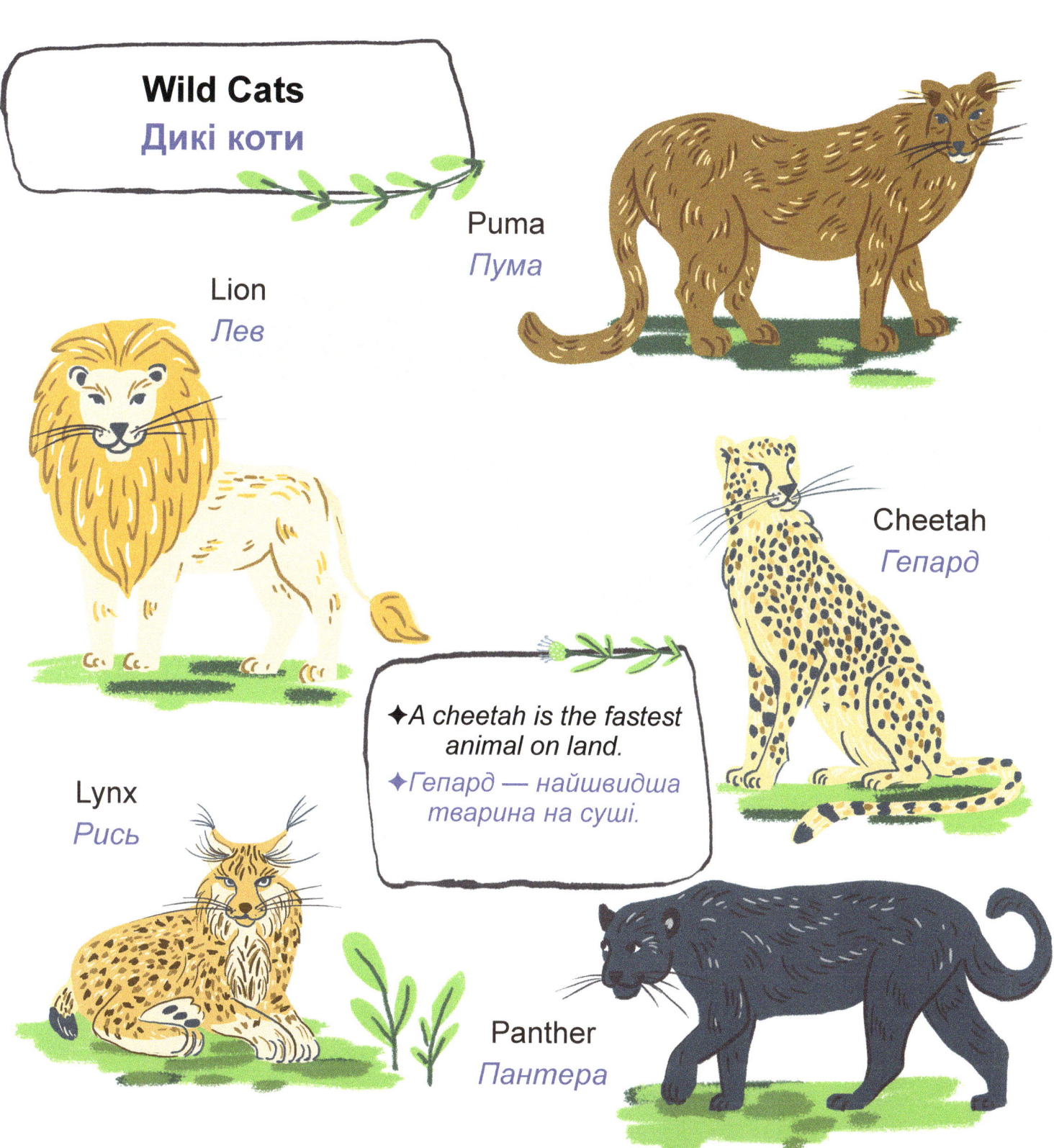

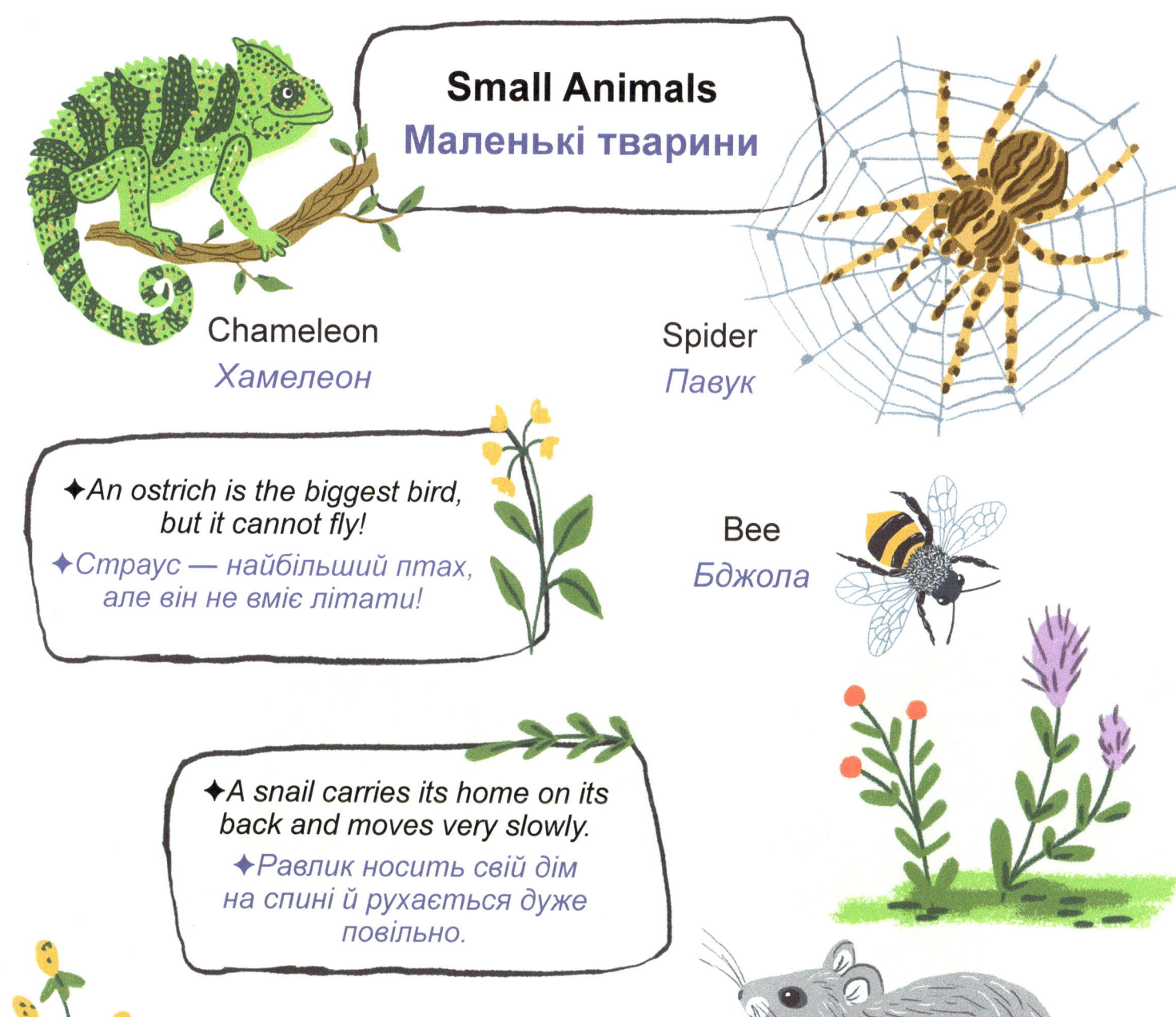

Owl
Сова

Bat
Кажан

✦ An owl hunts at night and uses its hearing to find food!
✦ *Сова полює вночі й використовує слух, щоб знайти їжу!*

✦ A firefly glows at night to find other fireflies.
✦ *Світлячок світиться вночі, щоб знайти інших світлячків.*

Raccoon
Єнот

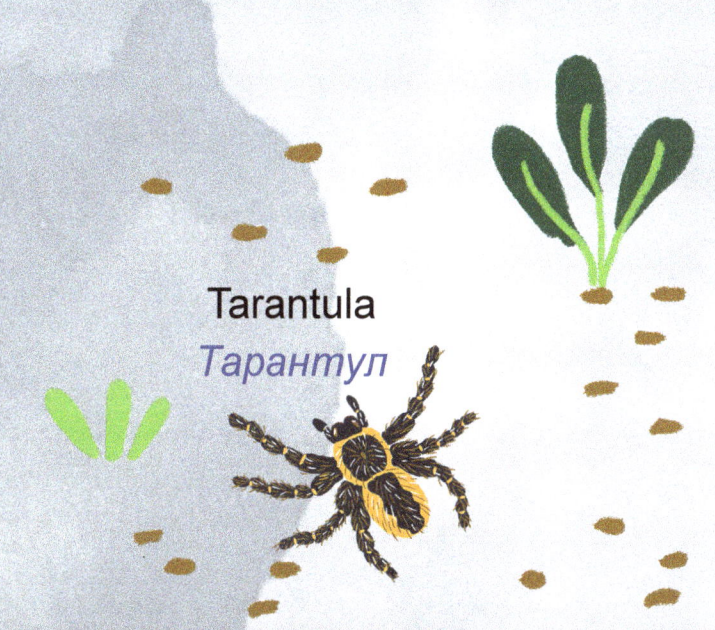

Tarantula
Тарантул

Colorful Animals
Кольорові тварини

A flamingo is pink
Фламінго рожевий
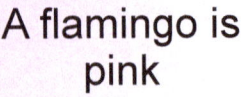

An owl is brown
Сова коричнева
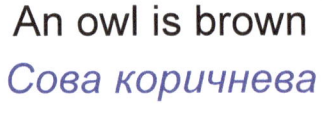

A swan is white
Лебідь білий

An octopus is purple
Восьминіг фіолетовий

A frog is green
Жаба зелена

✦ A frog is green, so it can hide among the leaves.
✦ *Жаба зелена, щоб ховатися серед листя.*

Animals and Their Babies
Тварини та їхні дитинчата

Cow and Calf
Корова і теля

Cat and Kitten
Кішка і кошеня

✦ *A chick talks to its mother even before it hatches.*

✦ *Курча спілкується з мамою ще до того, як вилупиться.*

Chicken and Chick
Курка і курча

Dog and Puppy
Собака і цуценя

Butterfly and Caterpillar
Метелик і гусінь

Sheep and Lamb
Вівця і ягня

Horse and Foal
Кінь і лоша

Pig and Piglet
Свиня і порося

Goat and Kid
Коза і козеня

www.ingramcontent.com/pod-product-compliance
Lightning Source LLC
LaVergne TN
LVHW072059060526
838200LV00061B/4774